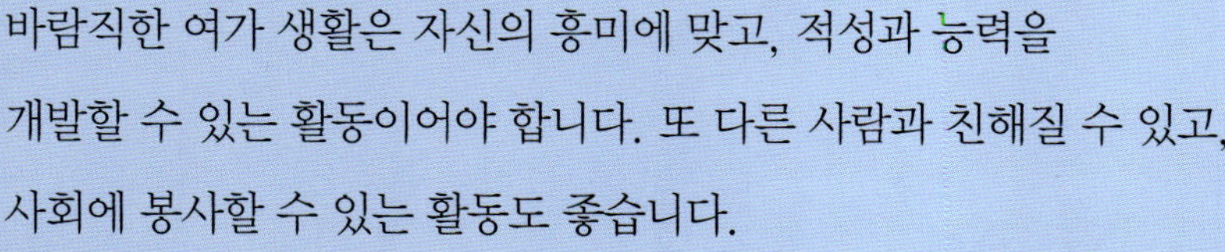

바람직한 여가 생활은 자신의 흥미에 맞고, 적성과 능력을
개발할 수 있는 활동이어야 합니다. 또 다른 사람과 친해질 수 있고,
사회에 봉사할 수 있는 활동도 좋습니다.
자신에게 맞는 여가 활동은 건강을 유지할 수 있을 뿐만 아니라
자신의 소질과 재능을 키울 수 있습니다.
이 책을 읽는 어린이 여러분도 보람을 느낄 수 있는 사회 봉사 활동,
피로를 풀고, 즐거움을 얻을 수 있는 활동 등 자신에게 맞는
취미 활동을 개발하여 즐겁고 보람찬 생활을 꾸려 나가길 바랍니다.

자연 지리 감수_ 송언근

경북대학교 학부와 대학원에서 자연지리와 지리교육을 전공하고 박사 학위를 받았습니다. 뉴질랜드 크라이스트처치 교육대학 연구 교수로 활동하였으며, 지금은 대구교육대학교 사회교육과 교수로 있습니다. 쓴 책과 옮긴 책으로는 〈지리로 읽는 대구 이야기〉, 〈교육 연구의 질적 접근〉, 〈교육적 질문하기〉, 〈초등지리 교육론(공역)〉 등이 있습니다. 논문으로는 〈그림지도에서 수준별 교수·학습과 수행평가의 관계 구성〉, 〈지리교육에서 지형교육의 의미와 방향〉 등이 있습니다.

인문 지리 감수_ 서태열

서울대학교 학부와 대학원에서 지리교육을 전공하고 교육학 박사 학위를 받았습니다. 미국 텍사스주립대학에서 방문 교수로 활동하였으며, 지금은 고려대학교 지리교육과 교수로 있습니다. 제7차 사회과 교육과정 개정위원 및 초등 사회 교과서 집필위원, 한국교육과정평가원 자문위원 등을 지냈으며, 지금은 교육인적자원부 사회과 교육과정 심의위원, 한국사회과교육연구학회 부회장, 한국지리환경교육학회 부회장, 고려대학교 교과교육연구소장을 맡고 있습니다. 쓴 책과 옮긴 책으로는 〈지리교육학의 이해〉, 〈위성에서 보는 한국 아틀라스〉, 〈세계화 시대의 세계지리 읽기〉, 〈초등지리 교육론(공역)〉 등이 있습니다.

지구촌 감수_ 옥한석

서울대학교 학부와 대학원에서 지리학을 전공하고 박사 학위를 받았습니다. 한국사진지리학회장, 교육자료개발원장, 미국 워싱턴대학 방문 교수로 활동하였습니다. 지금은 한국지역지리학회 부회장 및 강원대학교 지리교육과 교수로 있습니다. 쓴 책으로는 〈세계화 시대의 세계지리 읽기〉 등이 있으며, 논문 〈생활 중심 교수 학습·모형의 설계와 적용〉과 〈학생의 일상적 개념을 활용한 지리 학습 동기 유발 방안 연구〉는 교육 현장의 주요 연구 사례로 평가받고 있습니다.

생활 문화 감수_ 남경희

일본 쓰쿠바 대학원에서 사회교육학을 전공하고, 교육학 박사 학위를 받았습니다. 제7차 초등 사회 교과서를 집필한 바 있으며, 한국사회과교육연구학회 회장, 서울교육대학교 발전기획단장 등으로 활동하였으며, 지금은 서울교육대학교 사회교육과 교수로 있습니다. 쓴 책으로는 〈사회과 교수·학습론〉, 〈현대 사회과 교육〉, 〈붕어빵 학교 753교실〉 등이 있습니다.

사회 생활 감수_ 서이종

서울대학교 학부와 대학원에서 사회학을 전공하고, 독일 베를린자유대학에서 박사 학위를 받았습니다. 서울대학교 중앙전산원 부원장으로 활동하였으며, 지금은 서울대 정보사회포럼을 맡고 있고, u클린 운동 추진위원장으로도 활동하고 있으며, 서울대학교 사회학과 교수로 있습니다. 쓴 책으로는 〈과학 사회 논쟁과 한국 사회〉, 〈한국 사회의 위험과 안전〉, 〈인터넷 커뮤니티와 한국 사회〉, 〈한국 벤처기업가 벤처기업가 정신〉, 〈사이버 시대의 사회 변동〉, 〈지식정보사회의 이론과 실제〉 등이 있습니다.

민주 정치 감수_ 장훈

서울대학교 학부와 대학원에서 정치학을 전공하고, 미국 노스웨스턴대학교에서 박사 학위를 받았습니다. 한림대학교 정치외교학과 교수, 한국정치학회 상임이사로 활동하였으며, 지금은 중앙대학교 정치외교학과 교수로 있습니다. 쓴 책으로는 〈경제를 살리는 민주주의〉, 〈한국의 자유민주주의〉 등이 있습니다.

글_ 김용란

출판사에서 어린이책을 만드는 편집자로 일했으며, 지금은 대학원에서 어린이 문학을 공부하며 부천 동화기차도서관 책사랑 동아리에서 어린이 문학 강의를 하고 있습니다. 쓴 책으로는 〈가족을 찾아 상상의 나라로〉 등이 있습니다.

그림_ 문정원

홍익대학교 미술 대학과 동대학원을 졸업하고, 지금은 프리랜서 일러스트레이터로 활동하고 있습니다. 한국출판미술대전 및 서울현대도예공모전 특선을 비롯하여 대한민국공예대전, 대학미전특선, 관악현대미술대전, International Exhibition of Art Colleges HIROSHIMA'95 등에 참여하였습니다.

똑똑한 사회탐구 ㊱ 생활 문화 | 취미와 여가 생활 술술술 풀풀풀, 옛날로 출발!

펴낸이 박희철 | **펴낸곳** 한국헤밍웨이 | **출판등록** 제406-2013-000056호 | **주소** 경기도 성남시 분당구 금곡동 444-148 | **대표전화** 031-715-7722 | **팩스** 031-786-1100
기획·편집 오영호 이미경 황인옥 김경란 | **아트디렉터** 유정미 | **디자인** 박희경 이혜희 박민경 | **사진진행** 시몽포토에이전시
사진출처 34 그림 그리는 선비들_국립 중앙 박물관 | 34 씨름_국립 중앙 박물관 | 35 고무줄놀이_시몽포토에이전시 | 35 팽이치기_시몽포토에이전시 | 35 연날리기_중앙포토
36 축구 경기_중앙포토 | 36 봉사 활동_중앙포토 | 37 한국 취미 여가 박람회_연합포토

술술술 풀풀풀, 옛날로 출발!

글 김용란 │ 그림 문정원

한국헤밍웨이

옛날로 출발!

"서영아, 컴퓨터 좀 그만 해."

컴퓨터에 빠져 있는 서영이를 보고 엄마가 야단을 쳐요.

"어미야, 너무 서영이만 야단치지 마라.

서영이는 컴퓨터 말고 할 만한 취미가 없잖니."

할머니는 서영이가 안돼 보였어요.

"서영아 할머니랑 놀까?"

"치, 할머니랑 뭐 하고 놀아."

"풀싸움도 하고, 널도 뛰고, 팽이도 치지."

"어디서요?"

서영이 눈이 휘둥그레졌어요.

"호호, 날 따라와!"

할머니는 할머니 방 문갑에서 윷판을 펼치더니

주문을 외웠어요.

"술술술 풀풀풀, 옛날 옛날로 출발!"

풀싸움

"여긴 옛날 옛날 할머니가 놀던 곳이란다."

"할머니도 놀던 때가 있었어요?"

"그럼, 나도 너처럼 꼬마였던 때가 있었지."

그 때, 마을 여자 아이들이 몰려오더니

이리저리 뛰어다니며 풀을 뜯기 시작했어요.

"서영아! 우리도 풀싸움하러 가자."

"풀싸움이요?"

"그래, 여러 가지 풀을

많이 가져온 사람이 이기는 거야."

서영이와 할머니는 들판을 뛰어다녔어요.

민들레, 씀바귀, 냉이, 애기똥풀,

노루오줌, 며느리밥풀 등

많은 풀들을 뽑으러 뛰어다녔지요.

풀싸움의 놀이 방법

풀싸움은 옛날 우리 할머니들이 산과 들을 마음껏 뛰어다니며 놀던 놀이입니다. 놀이 방법에는 몇 가지가 있습니다. 서로 같은 종류의 줄기를 끊어 와서 누구 것이 강한지를 가리는 것과, 풀잎들을 뜯어 온 뒤, 풀 이름을 말하면서 누가 더 많은 종류를 뜯었는지 가리는 것, 가위바위보로 아카시아 잎을 하나씩 따내는 것 등이 있습니다. 풀 이름을 맞추며 놀다 보면 자연히 풀들의 이름을 하나하나 외우게 되고 끊기놀이를 하면서 풀들의 특성도 자연히 알게 되었습니다.

풀각시놀이

"이제 그만 앉아서 풀각시나 만들어 볼까?"
"풀각시요?"
"그래, 풀각시는 풀로 만든 인형이란다."
할머니는 수숫대에 뽑아 온 풀을 넣었어요.
그러고는 머리를 땋듯이 풀을 곱게 땋고
보릿대를 비녀삼아 꽂았어요.
예쁜 천으로 옷도 입히고요.
"아이고, 할머니, 풀각시가 딸이랑
똑같이 생겼네요!"
"호호호, 얘는 제 손녀딸이에요."
"뭐라고요?"
"하하하, 호호호!"
서영이와 할머니는 인형놀이를 재미있게 했어요.
"서영이 재미있었니?
이제 그만 놀고 집으로 돌아가자."
"할머니, 다음에 또 올 거죠?"
"오냐, 오냐."

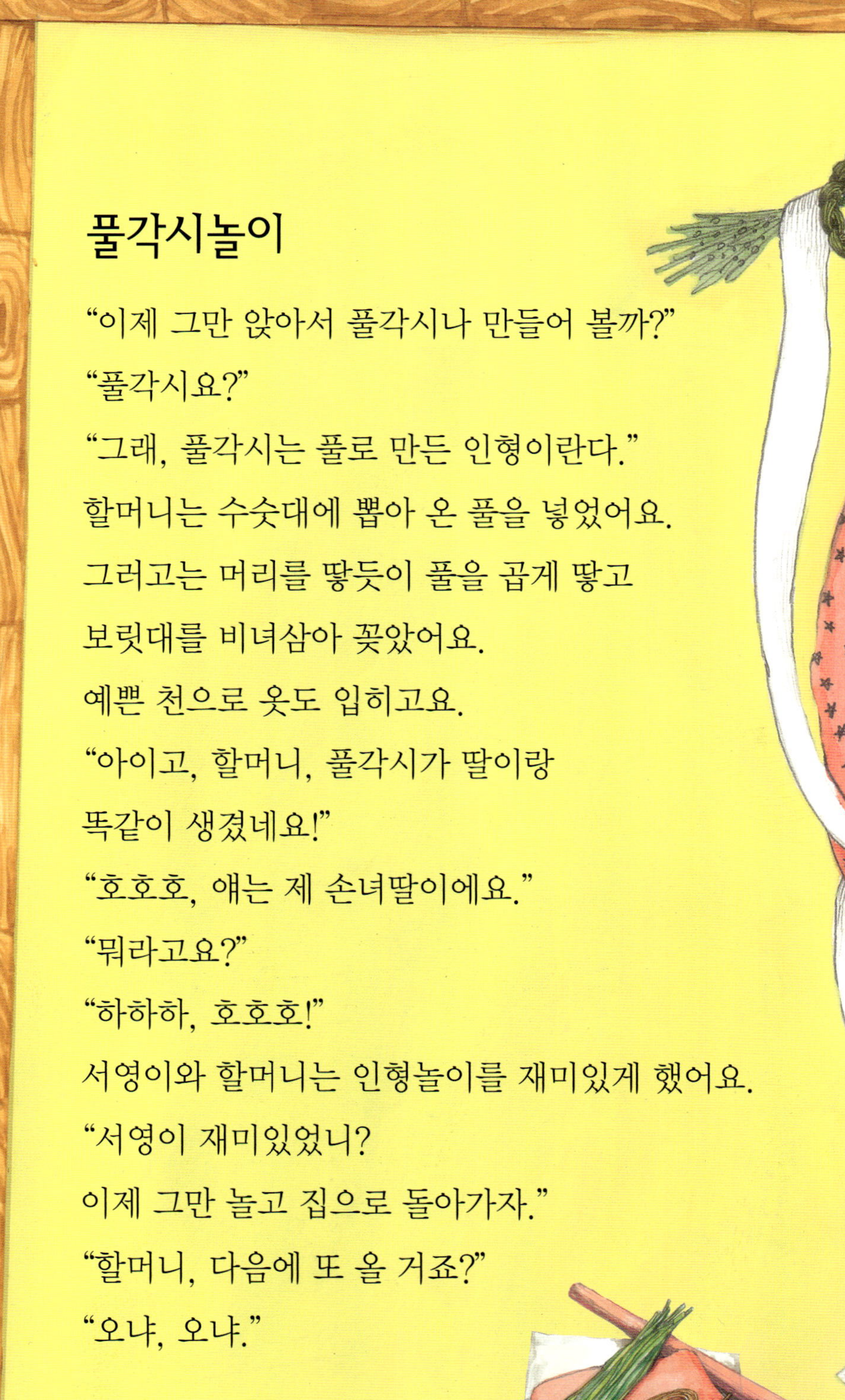

JR

아바타 인형놀이

"풀풀풀 술술술, 집으로 돌아가자!"
할머니는 윷판 위에 올라앉아 주문을 외웠어요.
서영이와 할머니는 집으로 돌아왔어요.
"할머니, 인형놀이 또 하고 싶어요."
"아이고, 요즘에 어떻게 각시놀이를 하니?"
"아니에요. 할 수 있어요. 이번엔 제가 알려 드릴게요.
요즘은 아바타를 인형으로 그리면서 놀아요.
여러 가지 캐릭터를 그려 놓고
어울리는 눈썹, 입술, 머리카락을
찾아서 연결시켜 주는 거예요.
문구점에서 캐릭터 공책을 팔기도 하지만
그려서 하는 게 더 재미있어요."
현재로 돌아온 할머니와 서영이는
또 재미나게 놀았습니다.

삼짇날로 출발!

며칠 뒤, 서영이는 또 컴퓨터 게임에 빠졌어요.
"서영아, 컴퓨터 게임 그만 하고
할머니 놀던 때로 가 볼까?"
"좋아요!" 서영이는 윷판에 폴짝 올랐어요.
"술술술 풀풀풀, 활도 쏘고 화전도 먹을 수 있는
옛날 옛날로 출발!"
"와, 할머니, 진달래꽃이 예쁘게 피었네요!"
"그래, 오늘이 삼월 삼짇날이야.
저 진달래 꽃으로 전도 부쳐 먹는단다."

운수 좋은 날, 삼짇날

음력 3월 3일은 3이 두 번 겹치는 날로 '삼짇날'이라고 합니다. 우리 나라
사람들은 옛날부터 3, 5, 7, 9를 좋은 수라고 생각했어요. 그래서 3이 두 번
겹치는 날인 삼짇날을 길일이라고 여겼지요. 삼짇날은 봄이 시작되는
날입니다. 들에 파랗게 난 풀을 밟는다고 해서 '답청절'이라고도 합니다.
삼짇날에는 그네뛰기, 활쏘기, 화전놀이 등을 했어요. 화전은 꽃으로 전을
만드는 것입니다. 봄에 피는 진달래꽃으로 전을 부쳐 먹으면서 노래를 부르며
놀았지요. 여자들이 봄에 즐겼던 놀이였습니다. 또 나비로 점을 치기도
했습니다. 삼짇날 먼저 보는 나비의 빛깔로 나비 점을 쳤는데 호랑나비나
노랑나비를 보면 좋은 일이 생기고 흰나비를 보면 나쁜 일을 당한다고
생각했습니다.

5월 5일은 어린이날

화전을 실컷 먹고 현재로 돌아온 서영이는
내일 모레가 기다려졌어요.
왜냐 하면 내일 모레는 어린이날이거든요.
봄철인 양력 오월에 가장 인기 있는 날은
어린이날이지요.
어린이날에는 선물도 많이 받고요,
놀이 공원에 놀러도 가요.
또 동물원이나 수족관에 놀러 가기도 해요.
가족들과 아주아주 즐겁게 노는 날이에요.

단오에는 그네를 타요

드디어 여름 방학이 되었어요.

"할머니, 옛날 사람들은 여름에 무얼 하고 지냈어요?"

"여름 단오만 되면 모두들 마음이 설레었지. 단오는 음력 5월 5일로,

홀수가 겹치는 날이라 재수 좋은 날이라고 여겼단다.

이 날, 여자들은 그네뛰기를 하고, 남자들은 씨름을 했지."

"할머니 나도 그네 한 번 타고 싶어요."

할머니와 서영이는 옛날 단옷날로 돌아갔어요.

"우아, 하늘까지 날아갈 것 같아요!"

서영이는 동아줄로 엮은 그네 줄을 꼭 잡았어요.

으라차차, 씨름

단오에 남자들이 하는 씨름은 우리 나라의 전통 운동입니다.
고구려의 각저총 벽화에도 씨름하는 사람들 그림이 그려져
있습니다. 씨름은 넓은 마당에서 허리와 다리에 샅바를 두른
두 장정이 마주 앉아 상대 다리의 띠를 잡은 다음
심판의 구령이 떨어지면 동시에 일어나 먼저 상대방을
넘어뜨림으로써 승부를 결정하는 경기입니다. 씨름은 백중날,
한가위, 농한기 등에도 행해졌으며, 특히 단오에는 여자들의
그네뛰기와 함께 연례 행사로 성대하게 벌어졌습니다.

첨벙첨벙, 물놀이가 좋아요

"서영아, 수영장 가자! 민지랑 지원이도 왔어."
서영이가 현재로 돌아오자마자 친구들이 놀러 왔어요.
"할머니, 옛날에서 실컷 놀았으니
이제 친구들하고도 놀래요."
서영이는 수영 모자, 물안경, 수영복을
챙겨 가지고 친구들과 우르르 몰려 나갔어요.
수영장에는 연못 속의 물고기들처럼
사람들이 바글거렸어요.
그래도 서영이와 친구들은 첨벙첨벙
물 속에 들어가 신나게 놀았어요.

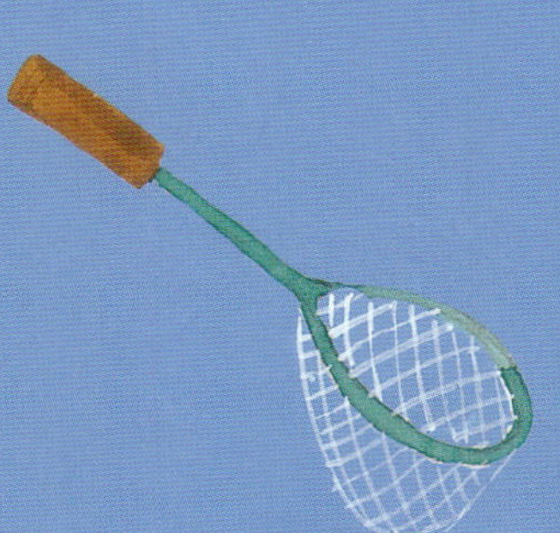

단풍놀이, 가을 등산

가을이 되었어요. 서영이는 또 심심해졌어요.

"할머니 가을에는 무얼 하고 놀아요?

저는 가족들, 친구들과 산에 올라

알록달록 예쁜 단풍, 고운 단풍 구경하고 싶어요."

"산에 올라가면 뭐가 좋을까?"

"맑은 공기 흠뻑 마시고,

영차영차 몸을 움직이니 건강에 좋을 거예요."

"그렇지! 산림욕장 오두막에 가서

밤하늘을 구경하는 것도 좋지.

산 속 하늘엔 별이 참 많단다."

"할머니, 우리 옛날 가을로 가요!"

강강술래

할머니와 서영이는 윷판을 타고 옛날로 왔어요.
징징징, 징징징!
"할머니, 꽹과리 소리가 들려요."
"그래, 강강술래 춤을 추는구나."
"할머니, 우리도 강강술래 해요."
서영이는 춤판으로 달려갔어요.
"강강술래, 강강술래!"
흥겹게 노래 부르며 춤을 추었지요.

손에 손 잡고, 강강술래

강강술래는 우리 나라 중요 무형 문화재로 지정된
전통 민속 놀이입니다. 정월 대보름과 추석과 같은
명절에 빠지지 않고 행해졌지요. 휘영청 달이 밝게
빛나는 밤에 여자들이 모여 손에 손을 잡고 원을
그리며 춤추고 노래를 부릅니다. 임진왜란 때에는
이순신 장군이 군사 놀이로 강강술래를 했습니다.
강강술래를 하는 모습을 보고 왜적들이 겁먹고
도망가기도 했다고 합니다.

신나는 썰매

펄펄 눈이 내리는 한겨울이 되었어요.
"할머니, 겨울에는 무얼 하고 놀았어요?"
"한겨울 놀이의 최고는 썰매타기란다.
시내가 꽁꽁 얼면 모두들 썰매를 탔지.
또 눈이 많이 오면 언덕에서
쌀 포대를 깔고 미끄럼을 탔단다."
"그럼, 지금 당장 미끄럼 타러 가요."
서영이와 할머니는 옛날로 가서
산비탈 아래서 신나게 미끄럼을 탔어요.

연을 날려요

설날, 떡국을 먹고 나자 서영이는
또 옛날로 돌아가고 싶었어요.
"할머니, 겨울엔 무얼 하고 지냈어요?"
"이 녀석, 또 옛날로 가고 싶은 게로구나?"
"맞아요!" 서영이가 손뼉을 쳤어요.
할머니와 서영이는 윷판을 타고 언덕에 내렸어요.
바람이 많이 불었어요.
"자, 이제부터 연을 날려 보자.
이 얼레를 슬슬 돌리면서
연을 하늘에 뜨게 하는 거야."
그 때, 세찬 바람이 불어 와서
서영이의 연을 하늘로 날려 보냈어요.

▲ **공기놀이** 다섯 개의 작은 돌을 가지고 하는 놀이입니다. 바닥에 놓인 돌을 하나씩, 둘씩 집고 공중에 올라간 돌이 땅에 떨어지기 전에 받아야 합니다. 돌을 집을 때, 옆의 돌을 건드리거나 떨어지는 돌을 받지 못하면 차례가 상대방에게 넘어가게 됩니다.

전통 놀이를 해요

서영이는 친구들을 모두 모아서
할머니에게 배운 여러 가지 놀이를
함께 해 보았어요.
공기놀이도 하고, 자치기도 하고,
비석치기도 하고, 칠교놀이도 하고,
수수께끼놀이도 했어요.
무척 재미있어 시간이 술술술 흘러갔어요.

◀**자치기** 긴 막대기로 짧은
막대기를 치고 노는 놀이입니다.
땅바닥에 금을 긋거나 홈을
파서 집을 정하고, 한 편이
집에서 긴 막대기로 짧은
막대기를 쳐서 날려 보내면
다른 한편은 이것을 받아서
집으로 던지면서 놉니다.

◀**비석치기** 상대편 돌을 목표 지점에 세워 놓고
자기 돌을 출발선에서 던지거나 신체 일부를 이용해
쓰러뜨리는 놀이입니다. 한 발 앞에 돌을 던진 뒤, 뛰어
밟아 잡고 던지는 한발뛰기, 상대방 돌을 모로 세워
넘어뜨리는 도끼치기, 돌을 가슴에 얹고 걸어가 상대편
돌을 쓰러뜨리는 가슴치기 등이 있습니다.

즐거운 여가 생활

"할머니가 가르쳐 준 놀이들 정말정말 재미있어요."

"그래, 이제부터는 컴퓨터만 하지 말고

할머니한테 배운 놀이를 하면서 시간을 보내려므나."

"하지만 영어 학원 다니고,

피아노 학원 다니느라 놀 시간도 없는걸요."

"사람이 적당히 쉬고, 적당히 놀 줄도 알아야 한단다.

잘 노는 사람이 공부도 잘 하고, 일도 잘 할 수 있는 거란다."

"네, 할머니!"

서영이가 씩씩하게 말했어요.

깊이보기

즐거움을 얻고 풍년을 빌기 위해서 즐겼던 여가 생활이, 오늘날에는 스트레스를 해소하고 건강을 지키기 위한 것으로 바뀌었습니다. 초등 사회 교과에서는 3학년 1학기 '고장의 생활과 변화', 4학년 2학기 '사회 변화와 우리 생활'에서 옛날과 현대의 취미와 여가 생활에 대해 배웁니다.

▲ **그림 그리는 선비들** 옛날 선비들은 더운 여름철이 되면 시원한 대청 마루에서 서로 그림을 그리거나 글솜씨를 뽐내며 여가 시간을 보냈습니다.

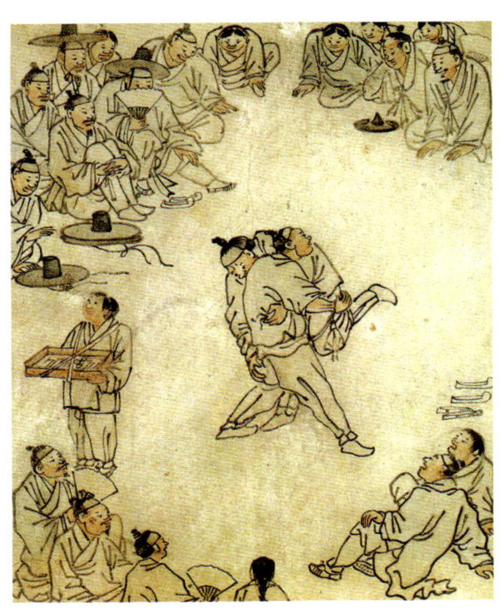

▲ **씨름** 조선 시대의 화가 김홍도가 그린 그림으로, 단옷날이나 백중이 되면 각 마을에서 가장 힘센 남자들이 나와 씨름 경기를 벌였습니다. 씨름에서 이긴 사람에게는 농사일을 더 열심히 하라는 뜻에서 황소를 상으로 주었습니다.

여가 생활은 무엇일까요?

여가 생활은 일상 생활 이외의 자유로운 시간에 하는 일을 말합니다. 즉, 공부나 직장, 일로부터 벗어나 평소에 하고 싶었던 일을 즐기는 것입니다. 여가 생활을 건전하게 보내면 마음이 맑아지고 몸이 튼튼해집니다. 또 일을 하거나 공부를 하는 데 필요한 힘과 용기를 얻게 되지요.

우리 조상들은 농사의 고단함을 잊기 위해 민속 놀이를 즐겼으며, 오늘날에는 취미 생활과 건강한 생활을 위하여 여러 가지 여가 활동을 합니다.

우리 조상들의 여가 생활

옛날 우리 조상들은 다양한 여가 생활을 했습니다. 조상들의 여가 생활은 즐거움을 얻기 위해서, 풍년을 빌기 위해서, 가정과 마을의 평화를 위해서, 또는 겨루기와 내기를 통한 놀이 문화 속에서 이루어졌습니다.

신분에 따른 여가 생활

신분 제도가 엄격했던 옛날에는 양반과 서민의 생활이 달랐으며, 그에 따라 놀이 문화도 달랐습니다.

양반은 주로 교양을 쌓을 수 있는 것을 하였습니다. 그림이나 사군자를 그리거나 글을 쓰고, 시를 짓고, 장기를 두고, 뱃놀이를 즐겼습니다.

반면 서민은 활동적이고 여럿이 함께 몸으로 즐길 수 있는 놀이를 하였습니다. 주로 널뛰기, 농악놀이, 줄다리기, 씨름, 제기차기를 했습니다.

성별, 나이에 따른 여가 생활

옛날에는 남녀 구분 또한 엄격했어요. 문 밖 출입이 자유로웠던 남자들에 비해 양반댁 규수들은 주로 수놓기나 널뛰기 등 주로 집 안에서 할 수 있는 놀이를 즐겼습니다. 하지만 단옷날처럼 큰 명절에는 집 안에만 있던 여자들도 자유롭게 밖으로 나와 그네를 타며 맘껏 바깥 구경을 할 수 있었습니다.

여자 아이들도 어른들과 마찬가지로 풀각시놀이나 공기놀이, 고무줄놀이 등 손놀림과 율동을 주로 하는 놀이를 많이 하였습니다.

이에 반해 남자들은 여럿이 겨루는 놀이를 즐겼습니다. 주로 공격적인 '치기'나 '차기' 중심의 놀이가 많았는데, 예를 들어 씨름이나 윷놀이, 차전놀이, 고싸움놀이 등이 있습니다.

남자 아이들은 쥐불놀이, 팽이치기, 연날리기, 자치기, 고누놀이 등을 하며 놀았습니다.

계절에 따른 여가 생활

지금은 여름에도 스케이트를 타고, 겨울에는 수영을 즐기는 등 계절과 상관 없이 여가 생활을 하지만, 옛날에는 계절에 따라 놀이도 달랐습니다.

만물이 소생하는 봄에는 풀각시놀이, 화전놀이, 풀싸움 등 자연을 장난감삼아 놀았으며, 여름에는 그네뛰기, 씨름, 두꺼비집짓기 등을 즐겼습니다.

그리고 추수를 끝낸 가을에는 강강술래, 소싸움, 달맞이 등을 즐기며 일년 농사의 수고를 달랬습니다. 추운 겨울이 되면, 아이들은 해지는 줄도 모르고 얼음판에서 썰매타기, 자치기, 팽이치기, 제기차기, 연날리기 등을 즐겼습니다.

▲ **고무줄놀이** 여자 아이들이 팔짝팔짝 춤추듯 뛰며 놀던 놀이로, 운동 효과뿐 아니라 여러 명이 모둠을 이룸으로써 사회성 발달에도 도움을 주었습니다.

함께 하는 여가 생활, 혼자 하는 여가 생활

주로 실내에서 즐기는 수놓기, 글씨쓰기, 시짓기 등이 혼자서 하는 놀이였으며, 놋다리밟기, 고싸움놀이, 줄다리기 등은 마을 사람들 모두가 어우러져 함께 하는 놀이로, 협동심을 길러 주고 마을 사람들을 하나로 묶어 주는 역할을 하였습니다.

여가 생활의 변화

조상들의 여가 생활과 현대 여가 생활에는 많은 차이가 있습니다. 시대와 문화가 달라지면 여가 생활의 모습도 달라지기 때문입니다.

도구가 다양해졌어요

옛날에는 자연을 벗삼아 들로 산으로 뛰어다니며 놀이를 즐겼지만, 요즘에는 컴퓨터가 보급되고 인터넷이 일반화되어 게임이나 통신을 여가 생활로 즐기게 되었습니다. 또 악기나 놀이 도구 등이 발달하면서 다양한 취미 생활을 누릴 수 있게 되었습니다.

▲ **팽이치기** 한겨울 꽁꽁 언 강가나 논바닥 등의 얼음판 위에서 아이들이 즐겨 놀던 놀이로, 오래 돌리기, 상대편 팽이 쓰러뜨리기, 목표 돌아오기 등이 있습니다.

휴식 시간이 늘어났어요

현대와 과거의 여가 생활이 달라진 까닭은 다양한 도구의 발달과 더불어 늘어난 휴식 시간 때문입니다. 차츰 다양한 산업들이 발달하면서 농사를 중심으로 한 여가 생활에서 벗어나 여가 시간이 늘어나게 되었던 겁니다.

과거에는 주로 농번기가 지나고 난 명절을 중심으로 여가 생활들이 이루어졌지만, 지금은 생산 도구가 자동화되고 과학 기술이 발달하면서 일하는 시간을 줄일 수 있게 되었습니다.

교통 수단이 발달했어요

예전에 비해 교통 수단이 발달하면서 다른 지역으로 이동하는 것이 쉬워졌습니다. 이에 따라 거리에 구애받지 않고 멀리까지 돌아다니며 다양한 여가 활동을 즐길 수 있게 되었습니다.

▲ **연날리기** 추운 겨울에 아이들이 즐기던 놀이로, 다른 사람의 연줄을 끊는 연싸움을 하면서 놀았습니다.

현대의 여가 생활

오늘날은 개인의 소질과 건강을 위해 여가 활동을 하며, 무엇을 기준으로 정하느냐에 따라 여러 가지 활동이 있습니다.

대상에 따른 여가 생활

누구와 같이 여가 시간을 보내느냐에 따라 활동이 달라집니다.

대상	여가 생활
혼자서 할 수 있는 것	음악 감상, 독서, 컴퓨터, 각종 취미 활동 등이 있습니다.
친구와 함께 할 수 있는 것	축구, 배구와 같은 스포츠와 게임 등의 놀이가 있습니다.
가족과 함께 할 수 있는 것	유적지, 박물관 답사나 여행, 문화 행사 참가 등이 있습니다.
이웃과 함께 할 수 있는 것	각종 집회 및 친교 활동, 사회 봉사 활동 등이 있습니다.

목적에 따른 여가 생활

단순히 시간이 남아서 하는 여가 생활과 달리, 분명하고 특별한 이유나 목적을 갖고 여가 생활을 즐길 수 있습니다.

목적	여가 생활
소질 계발을 위한 것	그림, 서예, 웅변, 악기 연주 등이 있습니다.
건강 증진을 위한 것	등산, 수영, 테니스, 배드민턴, 자전거타기 등이 있습니다.
기분 전환을 위한 것	산책, 명상, 여행, 낚시, 음악 감상 등이 있습니다.
일의 보람을 위한 것	각종 사회 봉사 활동이 있습니다.

컴퓨터를 이용한 여가 생활

요즘 어린이들은 컴퓨터를 하면서 여가 시간을 보내곤 합니다. 컴퓨터를 이용하면 인터넷을 통하여 많은 정보를 얻을 수 있습니다. 예를 들어 사이버 박물관을 견학한다거나 숙제에 도움이 되는 정보가 있는 홈페이지 등 공부에 도움이 되는 자료를 얻을 수 있습니다. 또 전자 우편을 주고받을 수 있고, 인터넷 채팅을 통하여 친구를 사귈 수 있습니다. 뿐만 아니라 좋아하는 음악과 영화를 감상할 수도 있습니다.

▲ **축구 경기** 국민 스포츠의 하나인 축구는 이제 어린이에게도 인기 있는 여가 활동으로 자리 잡고 있습니다. 축구는 협동심을 기르고, 몸과 마음을 튼튼하게 해 주는 운동입니다.

▲ **봉사 활동** 양로원에서 할머니들의 어깨, 팔 등을 주물러 드리고 음식을 해 드리는 봉사 활동은 이웃과 함께 하는 기쁨뿐 아니라 일의 보람도 느낄 수 있는 여가 활동입니다.

하지만 인터넷은 여러 사람과 어울려 하는 것이 아니라 혼자서 하는 것이기 때문에 자기만의 세계에 빠지기 쉽습니다. 그렇게 되면 다른 사람들과 사귀는 것을 싫어하게 됩니다.

특히 인터넷으로 게임을 많이 하는데 인터넷 게임만 오래 하게 되면 자기가 해야 할 일을 하지 못할 수도 있고, 그만큼 가족이나 친구와 함께 보낼 시간을 빼앗기게 됩니다. 또한 운동 부족으로 건강이 나빠질 수 있고, 또 인터넷에는 건전하지 않은 정보도 많아서 어린이의 정서를 해칠 수도 있습니다.

나에게 맞는 여가 생활, 취미 생활

바람직한 여가 생활은 자신의 흥미에 맞고, 적성과 능력을 계발할 수 있는 활동이어야 합니다. 또 다른 사람과 친해질 수 있고, 사회에 봉사할 수 있는 활동도 좋습니다. 피로를 풀 수 있는 활동으로, 충분한 휴식이 되고 즐거운 시간이 되어야 합니다. 바람직한 여가 생활을 하게 되면 건강을 유지할 수 있습니다. 또 자신의 소질과 재능을 키울 수 있습니다. 사회에 봉사하는 활동을 함으로써 보람을 느낄 수도 있습니다. 피로를 풀고, 즐거움을 얻을 수 있습니다. 그리고 화목한 가정을 만드는 데도 도움이 됩니다. 따라서 자신에게 맞는 여가 생활을 찾아야 합니다.

주 5일 근무제에 따른 여가 활동

2004년 7월부터 시행된 주 5일 근무 제도에 따라 여가 시간도 늘어났습니다. 한국 문화 관광 정책 연구원이 주 5일 근무제 시행 3년을 맞아 조사한 '2006 국민 여가 조사'에 따르면 여전히 텔레비전 보기가 가장 많은 비율을 차지했습니다. 그리고 실내에서 이루어지는 여가 활동이 많았습니다.

또한 2006년부터 월 2회 토요 휴업일을 맞은 초·중·고교생들의 경우, 실제로 부모님과 함께 한 여가 활동과 함께 하고 싶은 여가 활동 사이에는 큰 차이가 있었습니다. 바람직한 여가 생활을 위해서는 언제, 어디서, 어떻게 여가 생활을 할 것인지 꼼꼼하게 계획하는 습관을 길러야 할 것입니다.

▲ **한국 취미 여가 박람회** 주 5일 근무 시대를 맞아 다양한 취미 활동을 소개하는 '2006년 한국 취미, 여가 박람회'에 많은 사람들이 몰려들어 높은 관심을 보였습니다.

초·중·고교생들의 여가 활동

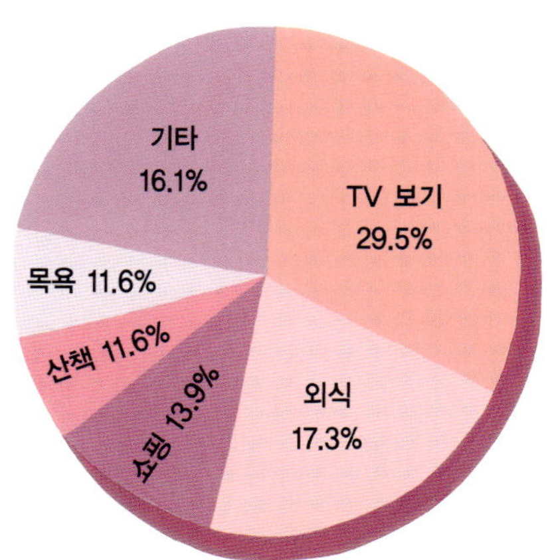

부모님과 함께 한 여가 활동

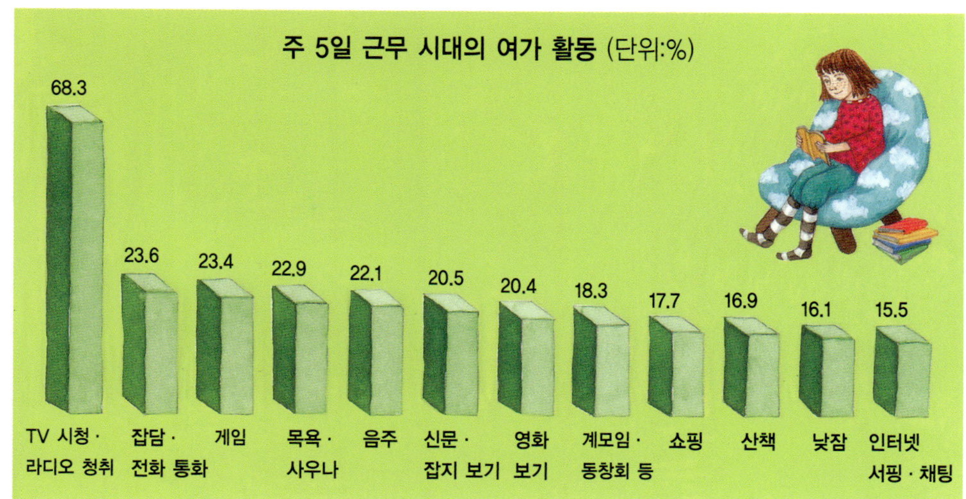

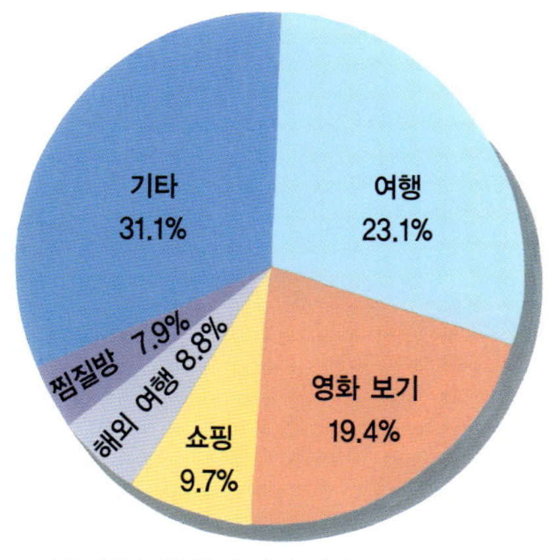

부모님과 함께 하기를 바라는 여가 활동